Manufactured by Amazon.ca
Bolton, ON

10400951R00061